Gulliver Taschenbuch 541

Das Heupferdchen 5
Das Kekshaus 12
Die rote Blume 19
Der Honigtopf 26
Der große Pilz 33
Die Hühnerfedern 40
Das Bett 47
Die Überraschung 54
Die Distel 61
Das Ofenrohr 68
Die Insel 75
Der blaue Turban 82

Erwin Moser

# *Die Abenteuer von Manuel & Didi*

Sommergeschichten

BELTZ & Gelberg

*Erwin Moser*, geboren 1954 in Wien, aufgewachsen im österreichischen Burgenland, absolvierte eine Schriftsetzerlehre und arbeitet jetzt als freier Autor und Illustrator. Er lebt abwechselnd in Wien und im Burgenland. Im Programm Beltz & Gelberg veröffentlichte er zahlreiche Bilder- und Kinderbücher. Etliche seiner Werke wurden mit z.T. internationalen Preisen ausgezeichnet: *Großvaters Geschichten oder Das Bett mit den fliegenden Bäumen* und *Der Mond hinter den Scheunen* kamen auf die Auswahlliste zum Deutschen Jugendliteraturpreis. *Geschichten aus der Flasche im Meer* wurde in die Ehrenliste zum Österreichischen Staatspreis für Kinder- und Jugendliteratur aufgenommen. *Der Rabe im Schnee* erhielt in Japan den Owl-Prize und *Der Rabe Alfons* den Rattenfänger-Literaturpreis der Stadt Hameln.

Editorische Notiz:
Die in diesem Band versammelten Abenteuer von Manuel & Didi erschienen zuvor bei Gulliver unter den Einzeltiteln *Der große Pilz* und *Der blaue Turban*.

www.beltz.de
Gulliver Taschenbuch 541
© 1987/1992, 1998, 2003 Beltz & Gelberg
in der Verlagsgruppe Beltz · Weinheim Basel Berlin
Alle Rechte vorbehalten
Neue Rechtschreibung
Einbandgestaltung: Max Bartholl
Einbandbild: Erwin Moser
Gesamtherstellung: Druckhaus Beltz, 69494 Hemsbach
Printed in Germany
ISBN 3 407 78541 0
1 2 3 4 5   07 06 05 04 03

Manuel trägt Holzstangen über die blühende Wiese. Schon wieder hat er eine seiner tollen Ideen!

Manuel steckt zwei Stangen, die an den
Enden gegabelt sind, in den Boden.
Das Heupferdchen sieht ihm zu. »Was wird
das, Manuel?«, fragt es.

»Das mache ich für dich!«, sagt Manuel.
»Oh, für mich?«, freut sich das Heupferdchen und ist sehr gespannt.

»So«, sagt Manuel, fertig. Und nun bück dich ein bisschen!«
Langsam dämmert es dem Heupferdchen, was Manuel von ihm will.

Manuel setzt sich auf den Rücken des Heupferdchens.
»Und was soll ich jetzt tun?«, fragt das grüne Pferdchen.

»Springen!«, ruft Manuel. Und noch ehe er es ausgesprochen hat, sausen sie schon über die erste Hürde. Das ist ein tolles Pferdchen, mein Lieber!

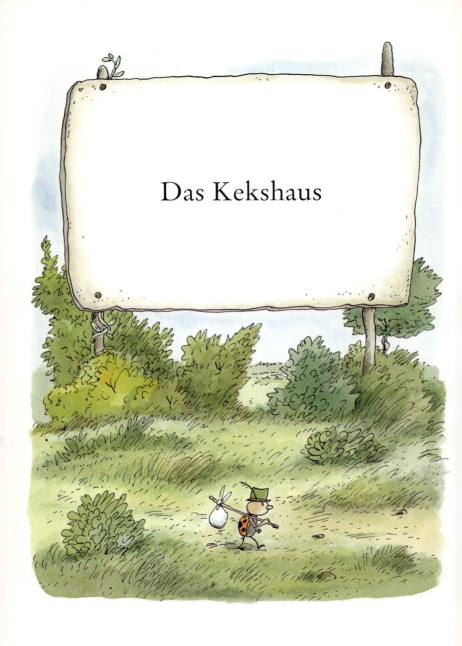

# Das Kekshaus

Manuel und Didi haben die Hausmaus auf dem Bauernhof besucht. Zum Abschied hat ihnen die Hausmaus eine Packung Kekse geschenkt.

Die Kekse sind sehr schwer. Didi und Manuel machen eine Rastpause und stärken sich.
Leider haben sie die Verpackung zerrissen.

Nun müssen Manuel und Didi die restlichen Kekse auf ihren Schultern tragen. Das ist mühsam. Sie kommen nur langsam vorwärts und bald sind sie sehr müde.

Es wird Abend und der Heimweg ist noch lang. Manuel und Didi beschließen, unter einem Baum zu übernachten. Mit den Keksen bauen sie sich eine kleine Hütte.

Während die beiden schlafen, kommen aus den Löchern im Baum zehn Käfer herausgekrabbelt. Leise beknabbern die Käfer das Kekshaus.

Als Manuel und Didi aufwachen, sind ihre Kekse bis auf einige Reste verschwunden. »Sehr gut!«, sagt Manuel. »Jetzt können wir sie bequem tragen!«

# Die rote Blume

Vor Manuels Sommerhäuschen ist eine riesige, rote Blume aus dem Boden gewachsen. Manuel bewundert sie jeden Morgen.

Ob sie deshalb so groß geworden ist?
Die Sonne scheint herrlich warm. Manuel
holt eine Leiter und klettert auf die Blume.
Er nimmt ein Sonnenbad.

Zu Mittag besucht ihn Didi Feldmaus.
»Oh, Manuel, das ist ja ein richtiger
Blumenbaum!«, sagt Didi.
»Komm herauf und leg dich zu mir!«,
fordert ihn Manuel auf.

Die beiden schlummern eine Weile.
Plötzlich schreckt sie lautes Donnergrollen.
Ein Gewitter zieht heran. Der Himmel ist
fast schwarz.

Und gleich darauf beginnt es zu regnen.
Da bemerken sie verwundert, wie sich die
Blütenblätter zu schließen beginnen!

Die Blume schließt sich über ihnen wie ein Dach. Der Regen rauscht. Manuel und Didi bleiben trocken.
»Danke schön, Blume!«, sagt Manuel.

Der Honigtopf

Manuel hat einen Honigtopf entdeckt!
Er klettert hinauf und schnuppert. Oh, das
duftet lecker!

Plumps! Manuel hat nicht aufgepasst und fällt in den Honigtopf.

So viel Honig wollte ich nun auch wieder nicht!, denkt Manuel.

Und wie alles klebt! Manuel klettert mühevoll aus dem Honigtopf. Die Fliegen riechen den Honig und umkreisen ihn.

Immer mehr Fliegen kommen! Sie setzen sich auf Manuel und saugen den Honig auf. Iiii, das kitzelt!

Mit dem Honig haben die Fliegen auch sein Fell weggefressen! Macht nichts, es ist ohnehin heiß. Das Fell wird schon wieder nachwachsen!

# Der große Pilz

Manuel und Didi beobachten, wie Familie Seemaus in den Urlaub segelt. »Schade, dass wir kein Schiff haben«, sagt Manuel.

Im Wald finden die Freunde einen großen Pilz. »Der wäre ein guter Sonnenschirm«, sagt Didi. Sie brechen den Pilz ab.

Didi und Manuel wandeln über die hitzeflimmernden Wiesen. Die Grillen zirpen im Gras und es ist ein wenig langweilig.

Nachmittags kommt ein kurzes, heftiges Gewitter. Da erweist sich der Pilz als ein vortrefflicher Regenschirm.

In der Nacht ist der Pilz eine weiche Bettmatratze. Und im Traum hat Manuel eine wunderbare Idee, was sie mit dem Pilz noch machen können …

Am nächsten Morgen befestigen Manuel und Didi ein Segel am Pilzstängel und lassen ihn zu Wasser. Vergnügt segeln sie den Seemäusen nach.

# Die Hühnerfedern

Eines Tages sieht Manuel, wie Didi auf einer Henne den Misthaufen hinunterreitet. Die Henne flattert mit ihren kurzen Flügeln.

»Gib dir keine Mühe«, sagt Manuel.
»Die wirst du kaum zum Fliegen bringen!
Steig ab, ich weiß etwas Besseres!«

»Bück dich, Frau Henne«, sagt Manuel.
Dann rupft er ihr einige Schwanzfedern
aus. Die Henne gackert ängstlich.
Didi beruhigt sie.

Manuel baut mit den Federn ein seltsames Gerät. Didi sammelt weitere Federn, die im Hof herumliegen.
Die Henne sieht ihnen verwundert zu.

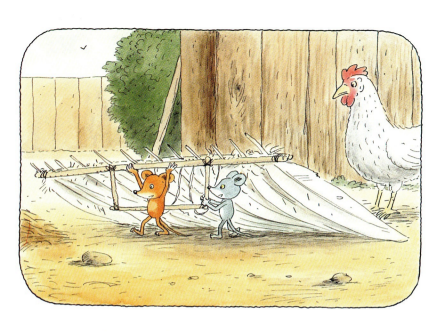

Bald darauf ist der Apparat fertig.
»Du meinst, dass wir damit fliegen können?«, fragt Didi.
»Sicher«, sagt Manuel.

Manuel und Didi tragen den Federdrachen
auf den Misthaufen und stürzen sich dann
hinunter. Schon fliegen sie.
Die Henne staunt.

# Das Bett

Heute sind es mindestens dreißig Grad im Schatten! Didi macht das nichts. Er möchte seinen neuen Sonnenschirm bewundern lassen und überredet Manuel zu einem Spaziergang.

Der Hamster hat sich ein Sonnendach über seine Hängematte gebaut. Mit dem ist heute wohl nicht viel anzufangen. Er möchte nur liegen und faulenzen.

Auch der Frosch hat sich ein bequemes Plätzchen gesucht. Manuel und Didi lassen ihn weiterschlafen. Was soll man an so einem heißen Tag schon anfangen?

Norbert Wasserratte liest in einem schattigen Fass ein Buch.
»Können wir zwei Fassbretter haben, Norbert?«, fragt Manuel.
»Natürlich, nehmt sie nur«, erwidert Norbert.

Manuel und Didi tragen die Bretter nach Hause. »Wäre doch gelacht, wenn wir es nicht ebenfalls behaglich haben sollten!«, sagt Manuel.

In der Nacht schlafen die beiden
Mäuse im Freien. Manuel hat ein
Schaukelbett erfunden!
Glückliche Mäuseträume!

Didi hat heute schlechte Laune, denkt Manuel. Ich muss ihn etwas aufheitern. Ich werde ihm eine kleine Überraschung bereiten!

Manuel packt eine Petroleumlampe,
Zündhölzer, einen Teller und eine
Flasche mit Zuckerwasser auf den
Handwagen und geht in den Wald.

Auf einem Baumstumpf lädt er alles
ab. Dann zündet er die Lampe an,
gießt das Zuckerwasser in den
Teller und geht nach Hause.

Als es dunkel wird, führt Manuel
Didi in den Wald. »Komm schon,
Didi!«, sagt er. »Ich muss dir was
zeigen!« Didi wundert sich.

»Gleich dort vorne ist es!«, sagt Manuel. Zwischen den Bäumen leuchtet es hell. Didi ist schon sehr neugierig.

Zwei prachtvolle Schmetterlinge
sitzen auf dem Baumstumpf und
trinken das Zuckerwasser! Herrlich
sehen sie aus! Didi ist entzückt.

# Die Distel

Manuel und Didi gehen spazieren.
Es ist sehr schwül.
»Schau, Didi«, sagt Manuel, »was
ist das für eine schöne Blume?«

Beim Näherkommen sehen die beiden Mäuse, dass die »Blume« eine große Distelstaude ist.

Zwei Käfer stehen unter der Distel.
Sie wollen sie umhacken.
»Die Distel ist hässlich und
stachelig!«, sagen sie. »Sie verschandelt unsere Wiese!«

»Lasst sie doch stehen!«, sagt Manuel. »Wir finden sie schön und bestimmt ist sie auch zu etwas nütze!«
Die Käfer wollen sich nicht überreden lassen.

Plötzlich donnert es. Der Himmel ist dunkel geworden. Ein Gewitter zieht rasch heran.

Unter der Distel bleiben die Mäuse und die Käfer trocken.
»Seht ihr?«, sagt Manuel.
Die Käfer legen still ihre Äxte beiseite.

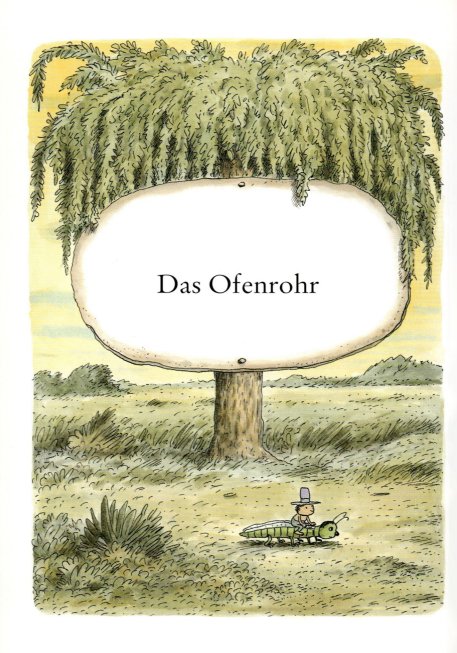
# Das Ofenrohr

Manuel wohnt jetzt in seinem Sommerhaus. Didi Feldmaus besucht ihn.
»Was sagst du zu meinem Zylinderhut, Manuel?«
»Er ist umwerfend, Didi!«

»Heute Abend ist nämlich ein großes Fest auf der Wiese«, erklärt Didi. »Sommerbeginn, weißt du? Da muss man schön angezogen sein!«

»Ich komme mit!«, ruft Manuel.
»Und ich weiß auch schon, was ich
anziehen werde!« Er führt seinen
Freund zu einem rostigen Ofenrohr.

Manuel kriecht in das verrußte
Rohr. Didi ist ganz baff.
»Nicht!«, ruft er. »Du wirst doch
ganz schmutzig, Manuel!«

Doch Manuel ist bereits im Ofenrohr verschwunden. Und da taucht er auch schon wieder auf – schwarz von den Ohren bis zur Schwanzspitze!

»Setz dich auf meine Brust!«, bittet Manuel den weißen Schmetterling, der schon die ganze Zeit um sie herumfliegt.
»Elegant siehst du aus!«, ruft Didi.

Manuel und Didi sitzen im Schatten einer kaputten Sonnenbrille.
»Jetzt wäre es schön, auf einer Insel zu sein!«, sagt Manuel.
»Ja, unter einer Palme …«, seufzt Didi.

Da sehen die Mäuse die Schildkröte
Hilde vorbeischwimmen.
»Ich habe eine Idee!«, ruft Manuel.
Er springt auf und ruft die Schild-
kröte herbei.

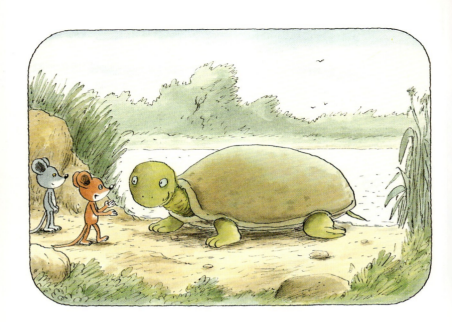

»Hast du Zeit, Hilde?«, fragt
Manuel.
»Jede Menge«, sagt die Schildkröte.
»Was möchtet ihr denn?«
Manuel erklärt ihr, was er vorhat.
Hilde ist einverstanden.

Manuel und Didi holen die Sonnenbrille. Dann bauen sie ein Holzgestell auf dem Panzer der Schildkröte. Didi stellt eine Pflanze, die einer Palme ähnlich sieht, auf ihren Rücken.

Zum Schluss stecken die Mäuse die Sonnenbrille in das Gerüst. Fertig.
»Ist es dir auch nicht zu schwer, Hilde?«
»Keine Spur«, versichert die Schildkröte.

Los geht die Reise auf der schwimmenden Palmeninsel mit Sonnenbrillendach! Eine schönere Insel kann es gar nicht geben!

# Der blaue Turban

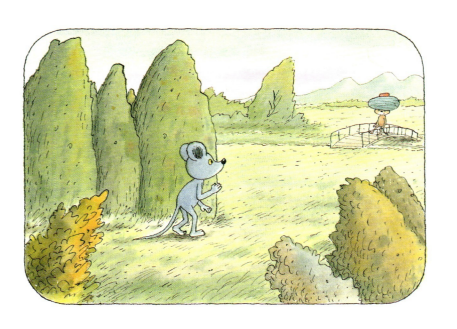

Wer kommt denn da über die Brücke?, denkt Didi. Sieht wie Manuel aus. Aber was trägt er denn auf dem Kopf?

»Grüß dich, Didi!«, sagt Manuel.
»Schau, diesen Turban hat mir die
Wüstenmaus geschenkt. Komm
mit, ich zeig dir, was man damit
alles machen kann!«

Manuel verkeilt den Turban in der Astgabel eines Baumes und setzt sich hinein.
»Nummer eins!«, sagt er. »Ein Vogelnest!«

Dann trägt er den Turban zu einem Teich und schiebt ihn ins Wasser. »Nummer zwei!«, sagt Manuel. »Ein Boot!«

Manuel rollt den nassen Turban
auseinander und hängt ihn
zwischen zwei Bäumen auf.
»Nummer drei!«, ruft Didi. »Eine
Hängematte!«

Am Abend ist der Turban trocken.
Die zwei Freunde sind müde und
gehen schlafen.
»Nummer vier!«, sagt Didi.
»Eine Bettdecke!«, sagt Manuel.